영어 구구단

+파닉스

2

일반 동사

★ **시작하기 전에**

아이에게 가장 좋아하는 물건을 물어보고,
I like +그것의 복수형을
하루~일주일 동안 수시로 반복해서 물어보세요.

예시) 좋아하는 것: 체리
'나는 체리를 좋아해'는
I like cherries (아일 라익ㅋ 췌뤼ㅈ)야.
'나는 체리를 좋아해'가 뭐라고?

대답할 수 있을 때까지 충분히 기다려주세요.
아이와 함께하는 즐거운 시간에 집중해주세요.

함께 고생한 딸
루나에게 감사드립니다

책을 집필할 수 있도록
다하를 봐주신 부모님과
어린이집 선생님들께 감사드립니다

²나는 (영어로) 뭐지?

이 책(영어구구단)에서 '나'는 항상 사진의 밑에서 손이 나와.

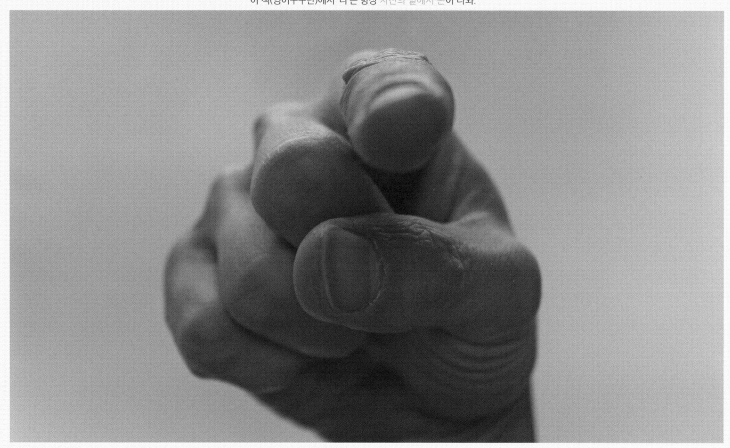

I

나는=I　　　가=g ㅏ /카=k ㅏ　　　라=l ㅑ /라=r ㅏ　　　너는=you　　　가=g ㅏ /카=k ㅏ

1 열쇠는 (영어로) key야. (따라 해봐 key)
2 주다는 (영어로) give야. (따라 해봐 give)
3 내가 준다는 (영어로) I give야. (따라 해봐 I give)
4 내가 준다는?

⁵내가 한 열쇠를 준다는?

g: 목이 울리는 소리 / k: 목이 울리지 않는 소리

I give a key.

라=ㅏ / 라=r ㅏ   가=g ㅏ / 카=k ㅏ   라=ㅏ / 라=r ㅏ   한=h ㅏ / 아=a   너를=you / 나를=me

5

1 자동차는 (영어로) car야. (따라 해봐 car)

²내가 한 자동차를 준다는?

g: 목이 울리는 소리 / k: 목이 울리지 않는 소리

I give a car.

나는=I　　가=g ㅏ/카=k ㅏ　　라=ㅣㅏ/라=r ㅏ　　너는=you　　가=g ㅏ/카=k ㅏ

²내가 한 카드를 준다는?

g: 목이 울리는 소리 / k: 목이 울리지 않는 소리

I give a card.

라=ㅣㅏ/라=rㅏ   가=gㅏ/카=kㅏ   라=ㅣㅏ/라=rㅏ   하=hㅏ/아=a   너를=you/나를=me   7

1 돌은 (영어로) rock이야. (따라 해봐 rock)
2 좋아한다는 (영어로) like야. (따라 해봐 like)
3 내가 좋아한다는 (영어로) I like야. (따라 해봐 I like)
4 내가 좋아한다는?

⁵나는 돌들을 좋아해는?

l: '을'에서 시작하는 ㄹ (혀가 입천장에 닿는다) / r: '우'에서 시작하는 ㄹ (혀가 입천장에 닿지 않는다)

I like rocks.

나는=I   가=gㅏ/카=kㅏ   라=lㅏ/라=rㅏ   너는=you   가=gㅏ/카=kㅏ

²나는 반지들을 좋아해는?

I: '을'에서 시작하는 ㄹ (혀가 입천장에 닿는다) / r: '우'에서 시작하는 ㄹ (혀가 입천장에 닿지 않는다)

I like rings.

라=ㅏ/라=rㅏ   가=gㅏ/카=kㅏ   라=ㅣㅏ/라=rㅏ   하=hㅏ/아=a   너를=you/나를=me   9

1 빨간색은 (영어로) red야. (따라 해봐 red)

² 나는 빨간색을 좋아해는?

l: '올'에서 시작하는 ㄹ (혀가 입천장에 닿는다) / r: '우'에서 시작하는 ㄹ (혀가 입천장에 닿지 않는다)

I like red.

나는=I   가=g ㅏ/ 카=k ㅏ   라=l ㅏ/ 라=r ㅏ   너는=you   가=g ㅏ/ 카=k ㅏ

²나는 쌀을 좋아해는?

l: '을'에서 시작하는 ㄹ (혀가 입천장에 닿는다) / r: '우'에서 시작하는 ㄹ (혀가 입천장에 닿지 않는다)

I like rice.

1 너는 영어로 you야. (따라 해봐 you)

²너는 (영어로) 뭐지?

이 책에서 '너'는 가리키는 손가락이 나오고, 사진 위에서 손이 나와.

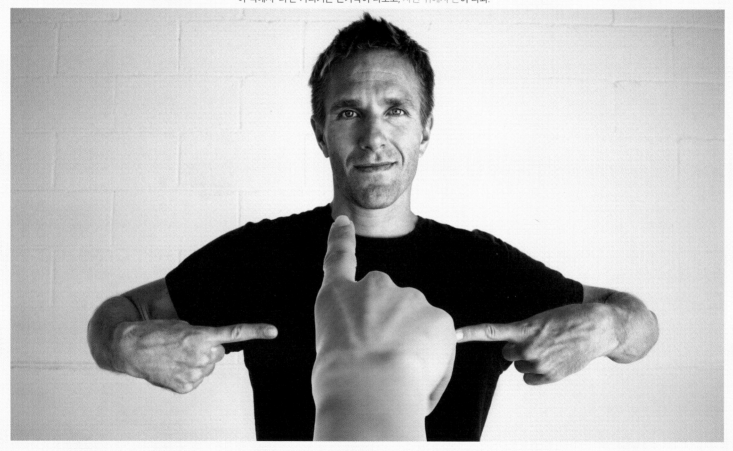

you

나는=I 　　가=g ㅏ/카=k ㅏ 　　라=l ㅏ/라=r ㅏ 　　너는=you 　　가=g ㅏ/카=k ㅏ

3 너는 준다는 영어로 you give야. (따라 해봐 you give)

⁴너는 한 열쇠를 준다는?

입 안쪽에서 소리 내는 g: 목이 울리는 소리 / k: 목이 울리지 않는 소리

You give a key.

라=ㅣㅏ/라=rㅏ　가=gㅏ/카=kㅏ　라=ㅣㅏ/라=rㅏ　한=ㅎㅏ/아=a　너를=you/나를=me　13

1 자동차가 뭐였지? (car)

²너는 한 자동차를 준다는?

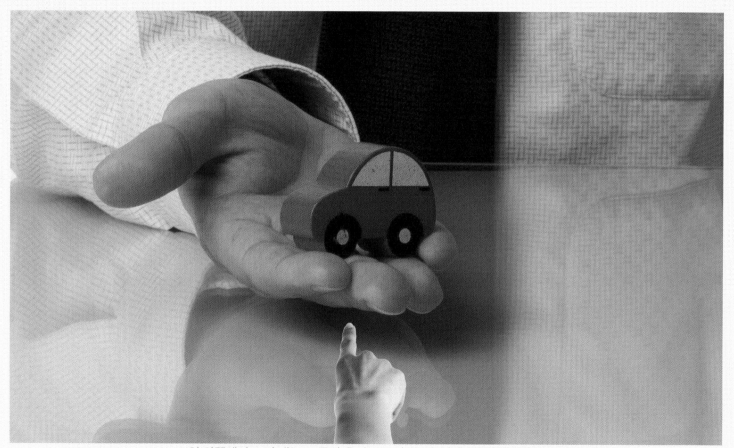

입 안쪽에서 소리 내는 g: 목이 울리는 소리 / k: 목이 울리지 않는 소리

You give a car.

나는=I   갸=g ㅑ / 캬=k ㅑ   랴=l ㅑ / 랴=r ㅑ   너는=you   갸=g ㅑ / 캬=k ㅑ

²너는 한 카드를 준다는?

입 안쪽에서 소리 내는 g: 목이 울리는 소리 / k: 목이 울리지 않는 소리

You give a card.

라=ㅣㅏ/라=rㅏ   가=gㅏ/카=kㅏ   라=ㅣㅏ/라=rㅏ   한=hㅏ/아=a   너를=you/나를=me   15

유 기버 카알 / 유 기버 칼ㄷ

1 돌이 뭐였지? (rock)

²너는 돌들을 좋아한다는?

혀를 움직이며 소리 내는 l: '을'에서 시작하는 ㄹ (혀가 입천장에 닿는다) / r: '우'에서 시작하는 ㄹ (혀가 입천장에 닿지 않는다)

You like rocks.

나는=I　　　가=gㅏ/카=kㅏ　　　라=lㅏ/라=rㅏ　　　너는=you　　　가=gㅏ/카=kㅏ

² 너는 반지들을 좋아한다는?

혀를 움직이며 소리 내는 l: '올'에서 시작하는 ㄹ (혀가 입천장에 닿는다) / r: '우'에서 시작하는 ㄹ (혀가 입천장에 닿지 않는다)

You like rings.

1 빨간색이 뭐였지? (red)

²너는 빨간색을 좋아해는?

혀를 움직이며 소리 내는 l: '을'에서 시작하는 ㄹ (혀가 입천장에 닿는다) / r: '우'에서 시작하는 ㄹ (혀가 입천장에 닿지 않는다)

You like red.

나 는 =I   가=ㄱㅏ/카=ㅋㅏ   라=lㅏ/라=rㅏ   너 는 =you   가=ㄱㅏ/카=ㅋㅏ

²너는 쌀을 좋아해는?

혀를 움직이며 소리 내는 l: '을'에서 시작하는 ㄹ (혀가 입천장에 닿는다) / r: '우'에서 시작하는 ㄹ (혀가 입천장에 닿지 않는다)

You like rice.

라=l ㅏ / 라=r ㅏ   가=g ㅏ / 카=k ㅏ   라=l ㅏ / 라=r ㅏ   하=h ㅏ / 아=a   너를=you / 나를=me

1 나는 영어로 뭐였지? (I) / 너는 영어로 뭐랬지? (you)

²나는 한 열쇠를 준다는?

이제 왼쪽은 '나', 오른쪽은 '너'가 나와.

입 안쪽에서 소리 내는 g: 목이 울리는 소리 / k: 목이 울리지 않는 소리

I give a key.

나는=I 가=gㅏ/카=kㅏ 라=lㅏ/라=rㅏ 너는=you 가=gㅏ/카=kㅏ

³너는 한 열쇠를 준다_는?

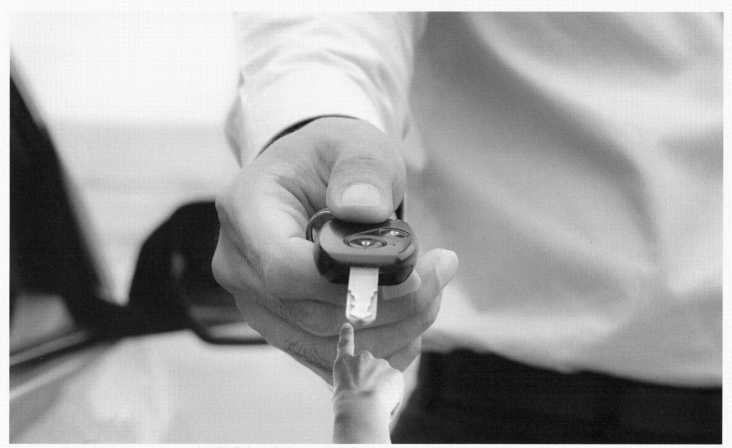

입 안쪽에서 소리 내는 g: 목이 울리는 소리 / k: 목이 울리지 않는 소리

You give a key.

라=ㅏ/라=ㄹㅏ   가=gㅏ/캬=kㅏ   라=ㅏ/라=ㄹㅏ   한=ㅎㅏ/아=a   너를=you/나를=me   21

1 반지는 영어로 뭐였지?

²나는 반지들을 좋아해는?

혀를 움직이며 소리 내는 l: '을'에서 시작하는 ㄹ (혀가 입천장에 닿는다) / r: '우'에서 시작하는 ㄹ (혀가 입천장에 닿지 않는다)

I like rings.

　나는=I　　가=가/카=카　　라=l 라/라=r 라　　너는=you　　가=가/카=카

³너는 반지들을 좋아해는?

혀를 움직이며 소리 내는 l: '을'에서 시작하는 ㄹ (혀가 입천장에 닿는다) / r: '우'에서 시작하는 ㄹ (혀가 입천장에 닿지 않는다)

You like rings.

1 팔은 영어로 arm이야. (따라 해봐 arm)
2 가진다는 영어로 have야. (따라 해봐 have)

³나는 팔들을 가진다는?

목 안쪽에서부터 소리 내는 h: 목이 울리지 않는 소리 / a: 목이 울리는 소리

I have arms.

나는=I   가=gㅏ/카=kㅏ   라=lㅏ/라=rㅏ   너는=you   가=gㅏ/카=kㅏ

⁴너는 팔들을 가진다_는?

목 안쪽에서부터 소리 내는 h: 목이 울리지 않는 소리 / a: 목이 울리는 소리

You have arms.

1 얼음은 영어로 ice야. (따라 해봐 ice)

²나는 얼음을 가진다는?

목 안쪽에서부터 소리 내는 h: 목이 울리지 않는 소리 / a: 목이 울리는 소리

I have ice.

³너는 얼음을 가진다는?

목 안쪽에서부터 소리 내는 h: 목이 울리지 않는 소리 / a: 목이 울리는 소리

You have ice.

라=ㅏㅏ/라=rㅏ　　가=gㅏ/카=kㅏ　　라=ㅏㅏ/라=rㅏ　　하=hㅏ/아=a　　너를=you/나를=me　

27

¹나는 너를 좋아해는?

I like you.

나는=I　　가=가/카=카　　라=라/라=라　　너는=you　　가=가/카=카